Jede Geschichte ein Gedicht

für Roland,
Cordula, Jacqueline
und Bettina
in Liebe

Ursula Schittenhelm

Jede Geschichte
ein Gedicht

Gedichte als Lebenselixier

Bibliografische Information der Deutschen
Nationalbibliothek
Die Deutsche Nationalbibliothek
verzeichnet diese Publikation in der
Deutschen Nationalbibliografie; detaillierte
bibliografische Daten sind im Internet über
http://dnb.d-nb.de abrufbar

© 2010 Ursula Schittenhelm
Herstellung und Verlag:
Books on Demand GmbH, Norderstedt
ISBN 978-3-842313484

Inhaltsverzeichnis

	Seite
Liebe mit 60	9
Treue	11
Mein Weg zum Ziel	12
Leben auf Zeit	14
Es gibt so viel zu sehen	15
Fußballfieber	16
Kurweisheiten	17
Morgens Fango - abends Tango	18
Machogehabe	20
Ihr lieben Frauen	22
Hallo Männer	24
6 kleine Kinderlein	25
Die liebe Verwandtschaft	26
Familienbande	27
Die Dohle im Garten	28
An die Frauen	29
Auch das ist Glück	30
Angst	31
Auf dem Abstellgleis	35

Inhaltsverzeichnis

	Seite
Die alte Frau	36
Du gibst nicht auf	37
Einsamkeit	38
Hallo Du	39
Schweigen	41
Ich liebe dich	43
Liebe auf Zeit	44
Mein Leben - mein Traum	45
Ein weiser Spruch	46
Sie wünschte sich nur Liebe	47
Unsere Träume	49
Unterhaltung mit dem Tod	50
Wieder allein	51
Die Hoffnung stirbt zuletzt	53
Sanfte Hügel	58
Stimmungen	60
Vorbei	61
Traurigkeit	62
Nebel	64

Inhaltsverzeichnis

	Seite
Herbst	65
Herbstspaziergang	66
Der Leierkastenmann	67
Kinderaugen	68
Zitate über das Glück	69
Wenn es schneit	70
Winterduft	71
Die kleine Kneipe	72
Oh du Fröhliche?	73
Heilig Abend - Himmelsmacht	75
Kinder auf dem Weihnachtsmarkt	76
Mutter	78
Licht in der Dunkelheit	80
Die guten Vorsätze	82
Silvester	83

Liebe mit 60

Man hat so viel geliebt im Leben,
Liebe genossen,
Liebe gegeben.
Doch eines Tages reicht es dann.
Lasst mich doch in Ruhe,
ich hab genug von dem Getue.
Ich bleib allein!

Man denkt zurück.
Liebe mit vierzig,
gut schmeckend und würzig.
Liebe mit fünfzig -
könnte auch besser sein.
Ich bleib allein.

Doch plötzlich kommt Frust;
ich hätt wieder Lust.
Packen wir's an,
jetzt will ich 'nen Mann.

Doch nur gut erhalten,
ich will keinen Alten.
Ich hab mich gespachtelt,
in Folie gepackt.
mit den Hüften gewackelt -
da hat es geklappt.

Freund Viagra war hilfreich
und es war gar nicht schrecklich;
und sie wird immer besser -
die Liebe mit sechzig.

Treue

Jeden Tag aufs Neue
schwör ich ihm die Treue.
So kann man von vielen hören,
die täglich Treue schwören.

Doch Worte allein genügen nicht,
sind oft nur Schall und Rauch,
denn die, die täglich Treue schwören,
betrügen oftmals auch.

Ganz wichtig ist doch das Vertrauen,
das ohne Worte in uns ist.
Das für uns, auch wenn wir
mal getrennt sind,
ständiger Begleiter ist.

Ich bau auf dich, auch ohne viele Worte,
ich halt zu dir, in Freud und auch im Leid.
Ich liebe dich, und wenn ich liebe
bin ich treu - für alle Zeit.

Mein Weg zum Ziel

Schmunzelnd denk ich an die Zeit,
die schon solang zurück.
Zu allem war ich für dich bereit,
dachte, du nur bist mein Glück.

Doch nichts geht wohl so seltsame Wege,
wie einer Frau Gefühl,
denn nicht durch dich kam ich am Ende
an das so sehr ersehnte Ziel.

Es war das Glück der Zweisamkeit,
das du wie ich ersehnt,
doch hatten wir die Wirklichkeit
uns wohl zu sehr verschönt.

Dass ich das Ziel dann doch erreicht,
verdanke ich nicht dir,
nach viel zu langer Wartezeit
fand ich zurück zu mir.

Dass ich das Ziel dann doch erreicht,
verdank ich nicht mal mir,
mein Mann, der kam und warb um mich
und gab mich nie mehr her.

Nun hab ich Glück und Zweisamkeit,
und noch ein bisschen mehr.
Nun habe ich mein Ziel erreicht -
und dieses Ziel ist er.

Leben auf Zeit

So vieles hält das Leben bereit,
Liebe und Lust, Scheidung und Frust,
Glück und auch Leid.
All das hält das Leben bereit.

Du erlebst Gewinn und Verlust,
Frohsinn und Zärtlichkeit.
Genuss bis zum Überdruss -
auch das hält das Leben bereit.

Du hältst dich selbst an der Hand,
bist zu allem bereit,
weigerst dich loszulassen,
doch irgendwann ist es Zeit,
ja - auch das hält das Leben bereit.

Denn das Leben,
es ist nicht unendlich -

es ist immer ein Leben auf Zeit.

Es gibt so viel zu sehen

Gemütlich lauf ich durch die Gassen,
die jungen Leute, denen ich begegne,
ich sehe sie nur hasten.
Mit schweren Schritten, die Blicke kalt,
die Jungen wirken jetzt schon alt.

Macht doch die Augen richtig auf,
es gibt so viel zu sehen,
bunt erscheint dem Aug das Laub,
ein Kind, es lacht euch ins Gesicht.
"Warum seht ihr das denn nicht?"

Der Park, der etwas abseits liegt,
verträumt und wunderschön.
Ein kleiner Vogel fröhlich singt -
es gibt so viel zu sehen.

Genießt doch diese Schönheit der Natur,
freut euch am fröhlichen Gesang,
schaut nicht hektisch auf die Uhr,
spaziert mal nur den Weg entlang.

Dann bekommt ihr neuen Schwung,
und dann wirkt ihr wieder jung.

Fußballfieber

Jeden Samstag wieder
grassiert das Fußballfieber.
Die Lieblingsmannschaft,
sie soll siegen -
und nicht mehr so weit
hinten liegen.

Die Trainer, zwei Mal schon gefeuert,
die Mannschaft zig Mal umgestellt,
praktisch wieder runderneuert,
nur ein Torwart, der nichts hält.

Ist das Spiel dann endlich aus,
war es wieder mal ein Graus.
Tieftraurig fährt der Fan nach Haus,
er hält es langsam nicht mehr aus.

Doch nächsten Samstag ganz bestimmt,
die Mannschaft endlich mal gewinnt.
Nein, er lässt sich nicht unterkriegen,
denn einmal müssen sie ja siegen.

Dann hat die Mannschaft ihren Lauf -
und rollt das Feld von hinten auf.

Kurweisheiten

Schon Pfarrer Kneipp hat es gewusst,
Wasser treten bringt Genuss.

Eine Massage immer wieder
bringt Kraft in schon erschlaffte Glieder.

Mit Seilspringen und Bier statt Wein
vertreibt man manchen Nierenstein.

Ein Bad mit Stutenmilch sogar
genoss auch schon Kleopatra.

Das Non plus Ultra aber,
keine Frage -
ein Kurschatten für alle Tage.

Doch kommt der "Kurpfuscher" zur Kur,
verliert sich schnell des Schattens Spur.

Und die Moral von der Geschicht,
mal klappt es - und mal klappt es nicht.

Morgens Fango - abends Tango

Ach wie tut die Hüfte weh,
schon des Morgens in der Früh.
Darum denkt sie seit Tagen nur,
Gott sei Dank geht's bald zur Kur.

Und dann endlich angekommen,
wird gleich ins Visier genommen,
für wen ein zweiter Blick sich lohnt.
Ja, da wird sich nicht geschont.

Ein Zwinkern hier, ein Zwinkern dort,
Flirten ist hier auch ein Sport.
Und man weiß seit langem schon -
auch das ist Rehabilitation.

Doch wie auch fast ein jeder weiß,
vor der Freude kommt der Schweiß.
Die Pritsche quietscht,
die Kranke stöhnt,
sie quält sich rum auf allen Vieren -
kann sich kaum noch rühren.

Nun ist die Anwendung geschafft,
mühselig wird sich aufgerafft.
Zur Mittagszeit gut ausgeruht
und schon fasst man neuen Mut.

Schließlich hat man doch gehört,
heut' Abend gibt's ein Kurkonzert.
Vorsichtig mal strecken, bücken,
und man merkt voller Entzücken,
dass alles schon viel besser geht,
dem Abend nichts im Wege steht.

Abends dann beim Kurkonzert
wird man von der Musik betört.
Dann eine Stimme: "Darf ich bitten?"
Oh, was für ein toller Mann.
Ob sie ein Tänzchen wagen kann?

Eins zwei drei im Wiegeschritt,
da macht sogar die Hüfte mit.
Und plagt sie sonst auch noch die Gicht,
selbst davon merkt sie heute nichts.

Morgen ist dann ein neuer Tag,
voller Mühen, voller Plag.
Da wird's zwicken, da wird's ziehn,
dann kann man wieder kaum noch gehn.

Doch abends, wenn Musik erklingt
auch wieder unsre Hüfte schwingt.
Und das nennt man dann Wunder pur.
Und die gibt's eben nur zur Kur.

Machogehabe

Ein Mann, der liebt, ganz ohne Frage,
vor allem sein eigenes Machogehabe.
Er stellt sich auf den höchsten Sockel,
und wirkt er dort auch nur wie'n Gockel,
er ist überzeugt von sich.
Fürchterlich.

Die Garderobe nur vom Feinsten,
manikürt, parfümiert und geliftet sicherlich,
hält er für den Schönsten sich.
Fürchterlich.

Natürlich sieht man ihn auch schauen
nur nach den allerschönsten Frauen.
Innere Schönheit, danach sieht er nicht.

Eine Frau, wenn sie schon über dreißig ist,
die interessiert ihn nicht.
Sie muss jung sein, klug sein muss sie nicht;
er braucht sie ja als schönen Rahmen nur für
sich.

Doch ist er pleite, rächt es sich.
Dann fällt er unweigerlich
vom Sockel, der Gockel.

Sowieso mehr Schein als Sein,
ist er plötzlich ganz allein.
Und sieht die Frau, die über dreißig ist,
ob die jetzt noch zu haben ist?

Doch die sieht hinter die Fassade
und darum über ihn hinweg.
Sie weiß genau, dass sie gerade
für ihn nur Mittel ist zum Zweck.

Denn wird's ihm wieder besser gehn
wird wieder sie im Regen stehn.
So steht er da, mit gerupften Federn
und Falten im Gesicht.

Doch Mitleid mit ihm hat sie nicht.
Mit stolzer Haltung und amüsiertem Blick
lässt sie ihn hinter sich zurück.

Liebe Frauen habt Geduld

Ihr lieben Frauen habt Geduld
mit dem Spezi Mann.
Es ist ja nicht nur seine Schuld,
dass er so wenig kann.

Bisher verwöhnt von der Mama,
gibt's nun Probleme, ist doch klar.
Nun heißt es, diplomatisch sein,
wichtig ist, ihr seid allein.

Denn seine Mutter, ohne Frage,
die ist für euch die größte Plage,
doch das Problem löst ihr galant,
mit einem Reisegutschein in der Hand.

Danach wird euer bestes Stück
zu einem Haushaltskurs geschickt.
Auf Hausmann wird er da gedrillt,
wie man kocht und putzt und backt,
seht, wie ihm die Brust anschwillt,
wenn er alles richtig macht.

Und auch das Loben nicht vergessen,
denn darauf ist er ganz versessen,
Und klappt's nicht ganz,
dann denkt daran,
es handelt sich um einen Mann.

Er möchte euch doch glücklich machen,
und kann er auch vielleicht nicht backen,
hat er doch ein Talent, das zählt.

Als Liebhaber ist er ein Held!

Hallo Männer

Lasst doch die Frauen wie sie sind,
sie wollen Frau sein und auch Kind.
Sie wollen stark sein und auch schwach,
seid klug - und seht es ihnen nach.

Tut ihr das nicht, dann habt ihr schon verloren,
denn da steht schon ganz unverfroren
ein Anderer.

Ein kluger und charmanter Mann -
und der bekommt sie dann.

6 kleine Kinderlein

6 kleine Kinderlein,
die hatten sich geliebt,
doch später, als sie nicht mehr klein,
da wurde ausgesiebt.

6 kleine Kinderlein,
die wurden einmal groß,
da haben drei sich abgeseilt,
die Nerven lagen bloß.

Drei kleine Kinderlein,
die lieben sich noch heut,
und diese Liebe hält bestimmt
für alle Ewigkeit.

Die liebe Verwandtschaft

Die Verwandtschaft ganz gewiss,
nicht unbedingt das Beste ist.
Vertraust du ihr, weil ja verwandt,
verrät sie dich, weil intrigant.

Gerade noch dachtest du,
du könntest ihr trauen,
schon sind die Beine dir weggehauen.

Hast du Erfolg - Gratulation,
doch die Verwandtschaft stichelt schon:
"Gott, gibt die an; was war das schon."

Harmlos sie dir ins Auge blicken,
doch du spürst schon den Dolch im Rücken.

Und kommt dann noch der Spruch:
"Wir lieben dich",
denkst du nur noch:

Auf eure Liebe pfeife ich!

Familienbande

Brüder und Tanten,
die ach so lieben Verwandten,
scheinbar erfreut bleiben sie stehn
wenn sie dich nur von weitem sehn;
reichen freundlich dir die Hände,
doch ihre Blicke sprechen Bände.

Sprichst du von Glück,
so spürst du nur Neid,
doch geht es dir schlecht
kannst du ganz sicher sein,
dass sie das freut.

Familienbande?
Ich hab sie mal besessen.
Doch irgendwann war es genug -
da hab ich sie zerrissen.

Die Dohle im Garten

Die Katzen durch den Garten schleichen,
die Dohle zu vernichten.
Doch die ist niemals zu erreichen,
sie kann beizeiten flüchten.

Ein jahrelanges Hin und Her,
fast wirkt es wie ein Spiel,
doch fauchen sie auch noch so sehr,
sie kommen nicht ans Ziel.

Die Dohle putzt sich ihre Federn
und zwitschert vor Vergnügen,
denn sind die Katzen noch so schnell -
sie weiß ja - sie kann fliegen.

An die Frauen

Ach Ihr Frauen, seid doch klug
die Männer sind gestresst genug.
Sie müssen zur Firma,
im Haushalt putzen,
im Garten noch die Bäume stutzen
und zeigen sie, was sie getan,
dann macht ihr sie noch an.

Jeder weiß, was der Volksmund spricht:
"Mühe allein genügt noch nicht."
Doch liebe Frauen, habt Geduld,
denn nicht allein der Mann ist schuld.

Wie hat ihn die Mama verwöhnt,
wenn täglich er ihr vorgestöhnt
wie schlimm die Arbeit wieder war,
der Chef war schuld, das ist ja klar.
Dann wurde in Watte er gepackt,
das ändert sich nicht über Nacht.

Lasst ihn nur machen, euren Mann,
und geht's auch langsam nur voran,
gebt ihm ein Küsschen hier und da,
denn letztendlich ist doch klar,
wenn ab und zu er auch mal patzt,
er ist und bleibt doch - euer Schatz

Auch das ist Glück

Ist dir das Herz einmal schwer –
sieh auf dein lachendes Kind.
Glaubst du, dass niemand dich liebt –
sieh auf dein lachendes Kind.

Glaubst du, es geht gar nicht mehr,
hilft er dir – der Blick auf dein glückliches
Kind.

Glaubst du, du wirst nicht gebraucht,
weil kein Mann in die Arme dich nimmt,
wenn dich die Einsamkeit quält,
und die Zeit verrinnt,

dann denk daran – und vergiss es nie,
du wirst gebraucht – du wirst geliebt,
spür es, an jedem Tag, der neu beginnt,
es doch nur durch dich
so ein lachendes, glückliches Kind.

Angst

Wenn ich erwache, sehe ich dich,
wohin ich auch gehe - ich sehe nur dich,
bist du nicht bei mir, suche ich dich,
und kann ich dich nicht erreichen,
vermisse ich dich.

Stets bist du an meiner Seite,
gehst mit mir durch dick und dünn,
und immer wieder wird mir klar,
dass ohne dich verlor'n ich bin.

Wenn du mir sagst: " Ich lieb nur dich,
du bist die ganze Welt für mich",
dann höre ich der Glocken Klang,
und hören möcht' ich ihn -
ein Leben lang.

Und doch, ich spür's seit langem schon,
da ist ein andrer, dumpfer Ton.
Dein Lachen ist nicht mehr so frei,
die Stimme ist nicht mehr so klar
wie sie einmal war.

Du gehst mit mir ins Bett wie einst,
und doch – wer ist es, die du meinst,
wenn du mir sagst: "Ich liebe dich",
und du mich liebst wie lange nicht?

Dieses Feuer gilt nicht mir,
es fehlt die Harmonie darin,
da ist nur pure Manneskraft,
und doch nicht echte Leidenschaft.
Wo ist die Zärtlichkeit geblieben,
der Kuss, die wunderbare Harmonie.
Wo ist dieses Spiel der Sinne,
der Gleichklang unsrer Symphonie?

Bilde ich es mir nur ein,
dass du nicht mehr derselbe bist,
kann es denn tatsächlich sein,
dass du eine Andre küsst?
Das Atmen fällt mir langsam schwer,
der Ring um meine Brust wird eng.
Mein Gott, ich liebe dich so sehr -
und Angst ergreift Besitz von mir.

Die mitleidigen Blicke von Freunden,
so will mir scheinen,
sie sagen deutlich:
"Wir wissen Bescheid."

Und ich möchte rufen:
"Ich bin doch so glücklich",
 doch ihre Blicke - die sagen:
"Du tust uns so leid."

Und mein Mann?
Immer öfter bleibt er fort;

sagt kein Wort, wo er nun bleibt,
und ich bin mit der Angst allein.
Mit dieser Angst und dieser Zeit,
die nicht vergeht - die wird zur Ewigkeit.

Immer tiefer dringt die Angst ins Herz,
fühlt er wirklich nicht den Schmerz,
der mich zerreißt?
Spürt er nicht, wie ich mich sehne,
auch wenn ich ihn bei ihr weiß?

Und eines Tages, da steht er vor mir,
und sagt: "Ich gehe.
Heut noch geh ich fort von dir."
Und ich fange an zu weinen, sag:
"Das habe ich gewusst!
Warum nur tust du mir das an,
stillst woanders deine Lust?"

Und er – Was sagt er? Er sagt:

"Meine Liebe, die galt stets allein nur dir,
doch du, du hattest kein Vertrauen zu mir.
Niemals hat mein Herz einer Anderen gehört,
doch deine unselige Eifersucht
hat alles zerstört.

Ich habe dich auf Händen getragen,
jeden Wunsch hab ich dir erfüllt,
holte die Sterne dir vom Himmel,
trug stets im Herzen nur dein Bild.

Doch kam ich nur einmal etwas später
als erwartet von der Arbeit zurück,
schon sah ich Tränen in deinen Augen,
und pure Verzweiflung im Blick.
Ich sah den Zweifel und das Bangen,
und wollte ich dich dann umarmen,
zucktest du vor mir zurück.

Ständig folgte dann die Frage:
„Liebst du wirklich denn nur mich,
bestimmt hast du doch eine Andre,
sei doch ehrlich, lüge nicht."

Die Luft zum Atmen hast du mir nicht
gelassen, hast mich erdrückt
und niemals mir geglaubt.
Mit dieser Angst und deinem
mangelnden Vertrauen,
hast du mich aller Kraft beraubt.

Und darum muss ich dich verlassen,
solang noch Liebe in mir ist,
denn müsste ich noch länger leiden,
würd' eines Tages ich - dich hassen."

Auf dem Abstellgleis

Früher machte täglich er
Kontrolle auf den Schienen.
Befreite sie von Schnee und Eis,
bestach durch Können und durch Fleiß
und konnte gut verdienen.

Das Alter kam -
und es kamen die Maschinen.
Was nutzten Können nun und Fleiß,
er konnte die Maschinen nicht bedienen.

So landet er, gelobt
für Können und für Fleiß -

auf dem Abstellgleis.

Die alte Frau

Langsam geht sie durch die Nacht,
grau schon ist ihr Haar,
und sie denkt an die Zeit zurück,
als sie noch jung gewesen war.

Die Burschen waren wild auf sie,
doch sie wollt nur den Einen.
Ihn alleine wollte sie,
ihn nur und sonst Keinen.

Der nahm ihr Wort mit in den Krieg
und versprach ihr:
"Nach dem Sieg
komm ich zu dir zurück."

Sie sprach: "Für immer bin ich Dein."
Sie wartete jedoch vergebens -
und so blieb sie allein.

Länger werden nun die Schatten,
ihr Gesicht leuchtet im Mondschein.
Vorbei ist nun das lange Warten,
bald wird sie bei ihm sein.

Du gibst nicht auf

Ich habe sie gesehen,
deine traurigen Augen,
die Verzweiflung im Blick.

Den Anderen geht's gut,
doch du hast ein schweres Geschick.

Doch obwohl schon so oft am Boden,
von deiner Angst fast erstickt,
kämpfst du dich wieder nach oben,
kehrst du wieder zurück.

Du hast es ganz sicher
oft unendlich schwer,
und kommst doch fast immer
mit einem Lächeln daher.
Sich gehenlassen, das passt nicht zu dir.

Und eines Tages wirst du siegen,
denn du lässt dich nicht unterkriegen.

Für Viele bist du vorbildlich,
denn du gibst ihnen Kraft und Stärke -

und vor allem Zuversicht.

Einsamkeit

Es ist einsam in mir,
dunkel und leer.
Was mich mit Leben erfüllte,
es ist nicht mehr.

Warum sitzt die Enttäuschung so tief,
wo ist die Heiterkeit hin?
Ich war doch so glücklich,
wo ist dieses Glück hin?

Lass es nur Wolken sein,
die vorüber ziehn,
lass mich bitte wieder lachen,
wieder die sein - die ich bin.

Hallo Du

Manchmal wird das Herz so schwer, weißt du
wie das ist?
Wenn Träume auf die Reise gehn,
jeden Weg immer und immer wieder gehn?

Gehen über Berg und Tal, und ist der Weg
auch noch so schmal.
Gehen, wie du weißt, sogar durchs Höllental,
doch nie ist *diese Hölle* Qual.

Jede Wiese, jeder Steig,
jede Blume, jeder Zweig,
ist uns so vertraut.
Und hören wir dann unser Lied,
wie sehr geht das unter die Haut.

Weißt du, Lieber, was es heißt,
wenn jeder Handbreit Boden,
der uns getragen hat,
so viele Jahreszeiten bereits gesehen hat?

Die Zeit brennt ein sich in die Erde,
brennt sich auch ein in unsre Herzen.
Sie kennt unser großes Glück und
sie versteht auch unsre Schmerzen.

Die Sehnsucht hat so großen Raum,
sie überlagert jeden Traum.

Das Tag für Tag so ein Gefühl im Herzen
brennt,
so ein Gefühl, das man auch Liebe nennt,
so ein Gefühl, das über allem steht –
ein Traum?

Oh nein, das ist kein Traum –
das ist Realität.

Schweigen

Ihr sitzt wie so oft mit Freunden zusammen,
Geschichten erzählend, mit fröhlichem
Lachen,
und wie immer hörst du, wie gut du es hast.
Selbstverständlich lächelst du höflich -
oh welche Last.

Du bist zu zweit und doch allein,
das Glück, das aus den Augen strahlt -
nur Schein.
Denn Schweigen ist in euren Herzen,
dringt immer tiefer in euch ein.

Du träumst von einer andren Welt,
wo nur dein eigener Wille zählt,
Was einmal war, ist bald vorbei,
dann bist du frei.

Soll denn eure große Liebe
wirklich ganz gestorben sein?
Gehst du jetzt nicht auf ihn zu,
bist du am Ende ganz allein.

Versuch doch einfach mal stattdessen
zu sagen, was zu sagen ist,
du musst das Schweigen überwinden,
weil Schweigen tödlich ist.

Sieh doch den Glanz in seinen Augen,
und dieser Glanz ist nicht nur Schein.
Er liebt dich noch,
er kann's nur nicht so zeigen,
so sag ihm doch, du liebst nur ihn allein.

Dann hat auch er den Mut, das, was er fühlt,
zu zeigen.
Und was dann folgt -
darüber könnt ihr schweigen.

Ich liebe dich

Ich liebe dich, das heißt:
"Ich sehe überall nur dich;
du bist in mir, das fühle ich,
und ich weiß, du fühlst wie ich."

Ich liebe dich, das heißt für mich,
ich muss nie sagen, was ich denke,
denn ich weiß, du denkst wie ich.

Ich liebe dich heißt aber auch,
ich bin stolz auf dich,
weil ich weiß, dass unser Glück
aufgebaut auf Vertrauen ist.

Du machst mich froh und ich gestehe,
dass ich nur durch dich
durch mein Leben gehe.

Ich seh die Welt mit deinen Augen,
und aus Dunkelheit wird Licht.
Liebe schenkt uns Leichtigkeit
mit unendlichem Gewicht.

Liebe auf Zeit

Du gehst ihm entgegen,
doch dann weichst du zurück.
Er schaut dir tief in die Augen,
warum senkst du den Blick?

Du wünschst dir so sehr,
dass sein Arm dich umfängt,
ja, dass er sogar seine Liebe dir schenkt.
Warum zögerst du also, was hält dich ab?
Du hast doch so lange keinen Mann mehr
gehabt.

Die Zeit, sie eilt dir voraus,
schnell wie ein Wimpernschlag;
du holst sie niemals ein.
Drum lass einfach dich fallen
und geb dich ihm hin;
du hast nichts zu bereuen.

Du wolltest Liebe und du hast ihn bestellt,
aus dem Katalog ausgewählt
für nicht wenig Geld.
Nun ist er da und zu allem bereit.
Darum genieß jede Stunde -
es ist ja nur eine Liebe auf Zeit.

Mein Leben - mein Traum

Ich möchte gern in meinem Leben
meinen Traum behalten,
hilft er mir doch in diesem Leben,
mein ganzes Dasein zu gestalten.

Ist Realität nun auch das Sein,
sie schließt nicht meinen Traum mit ein.
Stürzt über mir der Himmel ein,
dann ist auch das nur äußrer Schein.

Ich werde nie alleine sein,
wenn auch mal meine Seele schreit.
Dann leb ich wieder meinen Traum,
und er gibt mir Geborgenheit.

Mein Traum gehört nur mir allein,
doch schließ ich dich
in meinen Traum mit ein.

Ein weiser Spruch

Wenn das Lügen so schwer wär
wie das Kohlen tragen,
dann würde jeder Mensch
die Wahrheit sagen.

Sie wünschte sich nur Liebe

Ich finde keine Ruhe mehr,
ich wünsche mir so sehr,
dass du allein nur mir gehörst;
und nicht die Andere betörst.

Doch du hast mich nur ausgelacht,
es hat dir gar nichts ausgemacht,
"Ich lieb dich nicht" mir ins Gesicht zu sagen,
es war, als würdest du mich schlagen.

Ich wünsche mir, ich hätte jetzt die Kraft,
um dir zu sagen:
"Ich will dich nicht mehr sehen".
Doch wenn du mich in die Arme nimmst,
ist es um mich geschehen.

Du spielst mit mir, wir wissen es doch beide,
du machst auch gar kein Hehl daraus,
und obwohl du weißt, wie sehr ich leide,
machst du dir einen Spaß daraus.

Du liebst mich, doch das ist nur körperlich,
denn nur dein Körper ist noch hier.
Doch nicht mehr lang,
dann ist auch er nur noch bei ihr.

Ich gieß ein letztes Glas mir ein,
nur etwas bitter schmeckt der Wein.
Als Letztes kommt mir in den Sinn,
dass ich nun wunschlos glücklich bin.

Allein ein Wunsch noch bliebe,
es wäre schön,
wenn auf den Grabstein einer schriebe:

Sie wünschte sich nur Liebe

Unsere Träume

Und ich gehe durch die Stille,
während Bäume mich umsäumen.
Nur die Blätter rauschen leise,
stören mich auch nicht beim Träumen.

Lass mich treiben nur vom Wind,
fern von Stress und Alltagssorgen.
Nur die Natur um mich herum,
und ich fühle mich geborgen.

Träume nehmen mich gefangen,
legen die Gedanken bloß,
dringen tief in meine Seele,
legen sanft sich in den Schoß.

Und ich lass sie weiterfliegen,
mit dem Wind bis hin zu dir.

Und dann sind es unsre Träume,
dann gehör'n sie dir und mir.

Unterhaltung mit dem Tod

Sie sitzt vor ihm auf der kleinen Bank,
im Blick sein Name auf grauem Stein,
die Sehnsucht nach ihm macht sie krank,
sie möchte endlich bei ihm sein.

So viele Menschen in großer Not
haben schreckliche Angst vor dem Tod.
Sie aber denkt,
erbarme dich ihrer, erbarme dich,
und erbarme dich meiner -
erlöse mich.

Wieder allein

Du bist fort und ich frag mich, was bleibt.
Soll ich bereuen was war,
mich vergraben im Leid?

Du bist zurück in deiner Vergangenheit,
in deinem ständigen Einerlei.
wolltest niemals dorthin zurück
und bist nun wieder nicht frei.

Du selbst hast diesen Weg gewählt,
zurück in deine alte Welt.
Wenn ich es auch nicht fassen kann,
der Weg zu mir ist nun verstellt.

Nach dem, was nun geschehen ist,
gibt es zu mir kein Zurück.
Du hast dich entschieden,
ich wünsche dir Glück.

Man sagt, die Zeit heilt alle Wunden,
und ich hoffe, das gilt auch für mich.
Noch denk ich nur an unsre Stunden,
sehe ich nur dich und mich.

Höre deine Stimme, warm und so vertraut,
und sehe ich dein Bild vor mir,
brennt noch immer meine Haut.

Doch unterkriegen lasse ich mich nicht,
geh meinen Weg nun ohne dich,
gehe, den Kopf hoch erhoben
und mit stolzem Gesicht.

Ich gebe nicht auf -
nein, ich beuge mich nicht.

Die Hoffnung stirbt zuletzt?

Wo ein Anfang ist, muss da auch ein Ende
sein? Was ist das Ende, wann beginnt es?
Ist es das Ende eines Weges, den man einmal
beschritten hat?
Ist es erst dann, wenn die Ewigkeit beginnt?

Wie schwer fällt es manchmal,
überhaupt zu hoffen.
Langsam, ganz langsam nur und zaghaft
baut Hoffnung sich auf.
Hoffnung ist Gefühl, ist ein Ganzes in sich.

Sie hält einen Menschen am Leben, wenn er
sich erst einmal erlaubt hat,
diese Hoffnung an sich heran zu lassen,
in sich aufzunehmen, sie ein Teil
von sich selbst werden zu lassen.
Sie baut auf, gibt Kraft, macht stark, gibt
immer wieder Mut und Zuversicht.

Macht sie auch selbstbewusst?
Nein, denn es kommt immer auf den Inhalt
dieser Hoffnung an. Selbstbewusst kann man
auch ohne Hoffnung sein. Selbstbewusst sein,
heißt sich durchzusetzen gegen alle
Widerstände und manchmal auch gegen sich
selbst.

Heißt niemals aufzugeben im täglichen Kampf
des Lebens.
Selbstbewusstsein ergibt sich aus der Summe
erbrachter Lebensleistung; ist Stolz
und Widerstandskraft zugleich. Ergibt sich aus
gesunder Selbsterkenntnis und Vernunft.
Ist wichtig, um sicher zu sein in allem,
was man tut.
Gibt Halt und die Kraft, nur seinem Willen zu
leben, unabhängig von der Meinung anderer
zu seinem Leben zu stehen –
und vor allem zu seinen Gefühlen.

Selbstbewusstsein ist das, was mich hält, was
mich trägt – was ich bin!

Und Hoffnung?
Hoffnung ergibt sich aus keiner Leistung,
sondern einzig und allein aus dem Gefühl
heraus. Hoffnung ist Gefühl wider alle
Widerstände. Ist die Zuversicht, was machbar
ist, auch zu erreichen.

Hoffen heißt, nicht aufzugeben, immer wieder
und wieder zu hoffen, wenn außer dieser
Hoffnung nichts mehr bleibt.

Was gibt es denn in so einem Herzen noch?
Ach ja, da ist noch die Vernunft. Aber sie
nimmt nur einen kleinen Platz ein.

Denn immer dann, wenn sie sich ausbreiten möchte, ist da noch etwas anderes.

Etwas, dass dieser Vernunft entgegensteht. Das ihr keinen Raum lässt.

Das ist die Liebe.
Sie ist es, die uns ausfüllt. Die uns glücklich und traurig sein lässt. Die uns leben lässt. Zufriedenheit? Sie ist nur ein Teil der Vernunft. Doch die Liebe ist das Sein an sich.

Und sie ist es, die Hoffnung braucht. Die Hoffnung, dass diese Liebe irgendwann einmal Erfüllung findet. Wenn es denn die wahre Liebe ist. Wenn sie erwidert wird. Wenn sie uns glücklich sein lässt.
Oder wenn sie uns in die Tiefen der Angst fallen lässt.
Die Angst, den geliebten Menschen zu verlieren. Egal, was immer auch der Grund für diesen Verlust sein mag.

Die Hoffnung stirbt zuletzt?

Nein, nein und nochmals nein. Das ist nicht wahr. Das heißt nicht, dass sie unsterblich ist. Wenn sie keine Nahrung mehr bekommt, stirbt auch sie. Langsam, ganz langsam nur. Sie ist nicht einfach weg.

Denn Hoffnung ist ein Teil unseres Herzens.
Ein ganz großer Teil.
Stellt man sich die Hoffnung als einen
Vollmond vor, so ist es, als wenn ganz
langsam, wie ein Schatten nur, ein wenig von
ihr verloren geht. Ganz wenig nur,
aber unaufhaltsam immer ein wenig mehr.

Und ohne das man es greifen kann,
ohne dass man sagen kann, wann es geschah,
ist sie gestorben. Immer wieder hat sie gegen
dieses Sterben angekämpft. Und manchmal
auch gesiegt. Hat sich immer wieder Nahrung
gesucht. Hat sie auch gefunden –
und ist dann doch gestorben.

Und weil sie einen so großen Raum im Herzen
hatte, stirbt auch ein so großes Stück
des Herzens mit ihr.

Aber es ist nicht die Hoffnung, die zuletzt
stirbt.

Es ist die Liebe.

Sie stirbt zuletzt. Wenn man Glück hat. Denn
wenn sie stirbt, verspürt man keinen
Schmerz mehr. Verspürt man gar nichts mehr.
Weil wieder ein Stück des Herzens gestorben
ist. Und weil, was tot ist, nicht mehr
schmerzen kann.

Man atmet vielleicht noch sehr lange, obwohl
schon so sehr viel in einem gestorben ist. Ja,
man lebt, obwohl man kaum noch Leben in
sich spürt.
Man lacht, aber das Herz weiß nichts davon.
Man spricht, aber alles in einem ist stumm.

Sanfte Hügel (Kasseler Gebiet)

Raue Landschaft, vom Regen gezeichnet,
Nebelschwaden ziehen dahin,
doch immer wieder lässt die Sonne den Regen
weichen,
und zu sehen ist nur noch sattes Grün.

Natur pur, soweit das Auge sieht,
Wiesen und Felder, wo es grünt und blüht.
Das Herz wird weit,
was schwer war, wird leicht.
Du lässt die Seele baumeln,
hast das „sich finden" erreicht.

Wohin du auch blickst, siehst du sich sanfte
Hügel erheben,
selbstversunken möchtest du dich deiner
Stimmung ergeben.
Raue Landschaft - rau?
Ein hartes Wort, doch hier ein Segen.
Immer nur Sonne -
es würde dann doch kaum regnen.

Wie selten sähest du dann das saftige Grün,
sähest keine Wiesen und Felder, keine
Blumen, die blühn.

Diese liebliche Landschaft,
sie zeigt ihr Gesicht wie sie ist.
Sanfte Hügel - sie rufen dich; rufen:
„Komm herauf zu mir und dann schau ins Tal.
Wo zeigt sich diese Schönheit noch einmal?"

Du kannst in viele Länder und Städte reisen,
und ein jedes Land, eine jede Stadt,
wird seine Schönheit preisen.

Du siehst die Meere, kannst Kontinente
durchqueren,
andere Sprachen sprechen, von neuen
Eindrücken zehren;
bist dann auch glücklich und zufrieden,
Neues kennen zu lernen,
kannst dich auch weiter und weiter entfernen.

Doch wie weit du auch bist, hast du auch noch
so vieles gesehn -
es sind diese sanften Hügel,
die immer wieder nach Hause dich ziehn.

Stimmungen

Stimmungen - sie sind in uns, um uns,
erfüllen das Sein,
lassen uns leben, zittern und beben -
lassen uns schrein.

Lassen uns schweben, einer Feder gleich,
lassen uns zittern, einem Erdbeben gleich.
Lassen uns weinen, vor Glück und aus Leid,
lassen uns lachen, aus Hohn und aus Freud.

Stimmungen - sie sind das, was wir sind,
einmal ein Greis – einmal ein Kind.
Sie halten uns gefangen, sie fangen uns ein,
mal genießen wir sie,
mal möchten wir schrein.

Sie sind Enttäuschung, sie sind Glück,
sind erlebtes Leben –
und sind sie vorbei, bringt nichts sie zurück.

Stimmungen in uns
sind der Spiegel der Seele,
himmelhoch jauchzend, zu Tode betrübt.
Doch wie furchtbar wäre Monotonie,
drum Gott, erhalt uns die Stimmung -

denn wir sind nichts ohne sie.

Vorbei

Sie waren schon seit vielen Jahren
vereint mit gleichgesinnten Paaren,
trafen sich bei Kaffee und Kuchen,
doch dann verloren sie sich -
und begannen einander zu suchen.

Sie konnten überhaupt nicht fassen,
dass sie sich verloren hatten.
Gingen sich entgegen,
um sich wieder zu finden,
doch ihr gemeinsamer Weg war entzwei.

Warum? Das war nicht zu ergründen -
und sie gingen aneinander vorbei.

Traurigkeit

Warum nur ist es im Innern oft dunkel,
wenn draußen auch die Sonne scheint,
warum sieht man ihr Strahlen nicht,
sieht man nur, wenn der Himmel weint.

Warum die Sehnsucht nach Alleinsein,
obwohl man weiß, das ist nicht gut,
warum kann Einsamkeit ins Herz,
sie verzehrt doch jeden Mut.

Viele denken, ich bin glücklich,
warum tut dann das Glück so weh,
vielleicht liegt es auch einfach daran,
dass ich allein mich wirklich seh?

Ach, ich wünsche mir so sehr
ein kleines Fleckchen nur für mich,
dass alleine mir gehört,
und wirklich Niemand findet mich.

Wo ich einfach nur ich selbst bin,
wo mich wirklich niemand stört.
Wo mich höchstens dann und wann
Gesang der Nachtigall betört.

Ja, das würde Kraft mir geben,
für den nächsten, neuen Tag.
Ich hätte wieder Lust am Leben -
und ich wäre wieder stark.

Nebel

Und ich muss durch diesen Nebel,
sehe kaum den nächsten Stein.
Sehe nicht die Menschen vor mir,
fühle mich allein.

Schon als Kind, wenn ich allein war,
und ich war sehr oft allein,
machte Nebel mich beklommen,
doch tröstete mich Sonnenschein.

Einsamkeit will mich ergreifen,
und es ist besonders schlimm,
wenn der Nebel mir dir Luft nimmt,
weil ich dann verloren bin.

Und ich rufe nach der Sonne,
bete so wie jedes Mal:
"Bitte lass die Sonne scheinen,
schick mir einen Sonnenstrahl."

Seh ich den Nebel weiter ziehn,
kann ich der Einsamkeit entfliehn.

Herbst

Nebelschwaden ziehen dahin,
Feuchtigkeit zieht in die Glieder,
spiegelt sich in Augen wider
von Menschen, die ins Leere starren;
nicht einen Augenblick verharren.

Dabei könnten sie doch sehen
eines der Wunder der Natur,
würden sie die Blicke heben
für ein paar Minuten nur.

Viel schöner als das schönste Bild
von Künstlerhand gemalt,
ist doch des Herbstes Farbenpracht,
die alles überstrahlt.

Herbstspaziergang

Du gehst durch die Stadt,
jeder Schritt fällt dir schwer,
die bunten Sträucher, die Blumen,
du siehst sie nicht mehr.

Golden leuchtet das Laub im Licht,
zeigt des Herbstes schönstes Gesicht,
doch Kummer und Leid belasten dich,
darum siehst du es nicht.

Wie um dich zu trösten,
neigen sich Zweige dir zu,
streicheln sanft dein Gesicht,
und so kommst du zur Ruh.

Lässt dich auch streicheln vom Wind,
vergisst, was dich bedrückt,
und mit lächelndem Gesicht
kehrst du wieder zurück.

Der Leierkastenmann

Auf der Straße erklingt leise
eine altbekannte Weise,
eine Weise, die kein Radio mehr bringt,
den Alten aber im Herzen klingt.
Sie hörten sie, als sie noch jung,
und nun weckt sie Erinnerung.
Erinnerung an eine längst vergangene Zeit,
und die Herzen werden weit.

Der Leierkasten, alt, doch hübsch bemalt,
hat einen Klang, der jedes Hi-Tech überstrahlt,
denn Wärme strahlt aus dem Gehäuse,
auf eine unsagbare Weise.
Auch die Jungen bleiben stehn,
können dem Zauber nicht entgehn.

Der Leierkastenmann spielt
eine halbe Stunde,
dann aber nimmt er seinen Hut
und hält ihn in die Runde.
Da ist so mancher, der sich denkt,
er hat uns grad so reich beschenkt.

So ist der Hut, und das ist toll,
nach kurzer Zeit - randvoll!

Kinderaugen

Kinderaugen sprechen,
erzählen so viel,
leuchten vor Freude
bei lebhaftem Spiel.

Sind sie wolkenverhangen
und tränenschwer,
dann zeigen sie deutlich,
sie leiden sehr.

Kinderaugen zeigen Mut,
zeigen auch mal ihre Wut.

Dann wieder strahlen sie vor Glück,
und glücklich strahlen wir zurück.

Kinderaugen legen die Seele bloß.

Unendlich reich ist -
wer Kinderliebe genoss.

Zitate über das Glück

Glück ist, wenn man mit sich selbst im Reinen ist.

Glück hat jemand, der sich auch über kleine Dinge freuen kann.

Wer das kleine Glück nicht dankbar anzunehmen weiß, wird das große Glück niemals finden.

Glück liegt nicht darin, dass man tut, was man mag, sondern mag, was man tut.
(Sir Janes Matthew Barrie 1860-1937)

Viele Menschen versäumen das kleine Glück, während sie auf das große vergebens warten.
(Pearl S. Buck 1892-1973)

Das Glück wohnt nicht im Besitze und nicht im Golde, das Glücksgefühl ist in der Seele zu Hause.
(Demokrit 470-380 v. Chr.)

Es gibt nur einen Weg zum Glück und der bedeutet, aufzuhören mit der Sorge um Dinge, die jenseits der Grenzen unseres Einflussvermögens liegen.
(Epiktet um 55-135)

Wenn es schneit

Der Winter naht und bringt die Kälte mit.
Er lässt die Sonne scheinen,
doch wärmen tut sie nicht.

Die Kälte, die der Winter bringt,
die tut jedoch nicht weh,
warm eingepackt, dick eingecremt,
freust du dich auf den Schnee.

Wie's sich gehört zur Jahreszeit,
bekommt das Land ein weißes Kleid.
Auf geht's dann zur Schneeballschlacht,
da wird gejubelt und gelacht.

Dann wartet ja auch noch der Schlitten,
Vater lässt sich nicht lange bitten,
und dann geht es auch schon munter,
den Hügel rauf und wieder runter.

Viel zu schnell vergeht die Zeit,
plötzlich ist es dunkel,
am weiten Himmelszelt
die ersten Sterne funkeln.

Wie schön ist diese Jahreszeit,
jedoch am schönsten ist sie -
wenn es schneit.

Winterduft

Winterklare Luft,
durchzogen vom herrlichen Duft
von Mandeln und Nüssen.

Langsam dreht sich die Pyramide,
leuchtende Augen im Kerzenschein,
und nichts davon möchte ich missen.

Die kleine Kneipe zur Weihnachtszeit

Eine kleine Kneipe zur Weihnachtszeit,
lädt ein mit hellem Licht,

Tritt ein, sei willkommen,
sei unser Gast.
Heut sollst du nicht alleine sein,
wirf ab der Einsamkeit Last.

Setz dich zu uns an den gedeckten Tisch,
denn es ist Weihnachten -
auch für dich.

Oh du Fröhliche?

Langsam geht sie durch die Straßen,
nur frohe Gesichter weit und breit -
Weihnachtszeit

Überall Glitzer und Glimmer,
hell erleuchtete Zimmer -
Weihnachtszeit

Dann ist sie zuhause,
die Wohnung ist leer.
Ein Brief auf dem Boden
und das Herz wird schwer.

Getrennt lebt sie von Mann und Kind,
und lesen muss sie nun,
dass sie auch Weihnachten nicht bei ihr sind.

"Es war uns zu kalt und die Straßen vereist,
darum sind wir ganz schnell hierher gereist.
Kalte Tage gibt's hier kaum,
und trotzdem einen Weihnachtsbaum.
Geschmückt mit Kugeln und mit Licht,
alles da, nur Schnee gibt's nicht.

Wir wünschen dir ein frohes Fest,
und ein gutes neues Jahr.
Und wenn wir dann wieder zurück sind,
besuchen wir dich, ist doch klar."

Die Hände zittern, der Blick ist leer,
gerichtet auf die Geschenke
im Weihnachtspapier.

Und niemand, der hört, wie ihre Seele schreit -

Traurige Weihnachtszeit

Heilig Abend - Himmelsmacht

Einsam geht er durch die Nacht,
Heilig Abend - Himmelsmacht.

Doch nicht für ihn.
Kein Glockenschlag,
kein freundlicher Ton -
seit Jahren schon.

Plötzlich stutzt er - kann das sein?
Nicht nur er ist heut allein.
Eine weibliche Gestalt vor ihm
geht mit schleppendem Schritt
ziellos dahin.

Langsam, um sie nicht zu erschrecken,
geht er an sie heran,
und ganz leise fragt er dann:
"Sind Sie einsam, so wie ich?
Es täte mir leid, doch vielleicht hätten
Sie dann Zeit für mich?"

Ein Lächeln, hell wie ein Sonnenstrahl,
erscheint auf dem schönen Gesicht.
Und dann nickt sie: "Warum nicht?"

Zu zweit gehn sie nun durch die Nacht.
Heilig Abend - Himmelsmacht

Kinder auf dem Weihnachtsmarkt

Bunt geschmückt und hell erleuchtet,
steht er da, der Weihnachtsbaum.
Und die Kinder stehn und staunen,
trauen ihren Augen kaum.

Bunte Kugeln, Sterne, Herzen,
und dazu der Kerzenschein,
lassen Kinder und auch Eltern
in weihnachtlicher Stimmung sein.

Langsam gehen sie nun weiter,
bleiben immer wieder stehn,
und dann können sie auch schon
ein Karussell sich drehen sehn.

Bittend schaun sie die Eltern an,
ob man wohl einmal fahren kann?
Hoch zu Ross als stolzer Reiter,
als Feuerwehrmann geht's dann weiter.
Wieder vergeht die Fahrt zu schnell,
denn schon hält an das Karussell.

Jetzt aber schnell noch etwas essen,
das hätte man ja fast vergessen.
Äpfel, Nüsse, Mandelkern,
essen alle Kinder gern.

Und zum Schluss als letzten Wunsch,
schnell noch einen Kinderpunsch.
Dann aber geht's zurück nach Haus,
die Augen sind bereits ganz klein,
und kaum liegen sie im Bett,
schlafen sie schon ein.

Und sehen dann bestimmt im Traum
noch Karussell und Weihnachtsbaum.

Mutter

Es ist Heilig Abend
und Mutter von der vielen Arbeit geschafft.
Sie hat Geschenke gekauft und Geschenke
verpackt,
den Hausputz gemacht und den Christbaum
geschmückt.
Doch was immer sie gegeben -
sie bekommt es zurück.

Zurück von strahlenden Kinderaugen,
von helfenden Händen beim Plätzchen backen,
von roten Wangen und Kinderlachen.

Der Wunschzettel wurde geschrieben,
gemalt oder beklebt.
Und dann geschickt zum Weihnachtsmann,
damit kein Wunsch verlorengeht.

Da wurde brav ins Bett gegangen,
so brav wie schon seit langem nicht,
weil ihnen die Mama sagte:
"Der Weihnachtsmann, der sieht auch dich."

Geübt wurde seit vielen Tagen,
ein Weihnachtsgedicht aufzusagen.

Und kommt er dann endlich an,
der heiß ersehnte Weihnachtsmann,
der Vater sie umarmt und hält,
ist sie wie alle Mütter dieser Welt.

Sie spürt, wie Kraft und Freude
sie erneut durchdringt und fühlt sich
wunderbar.
Und wenn dann alles strahlt und singt,
denkt sie:

"Heut ist der schönste Tag im Jahr!"

Licht in der Dunkelheit

Er schließt den Laden
und um ihn wird's still.
Sich immer weiter entfernende Schritte.
Zielbewusst, denn sie haben ein Ziel.

Er sieht sich um,
kein Mensch weit und breit.
Er aber will nicht nach Hause,
weil auf ihn niemand sich freut.

Weihnachtsfreude, die kann er
mit niemandem teilen.
Warum also sollte er sich beeilen?
Verzweiflung macht sich in ihm breit.

Plötzlich sieht er ein Licht in
der Dunkelheit.

Aus einer Kirche kommt das Licht
und drinnen erklingt Weihnachtsmusik.
Langsam tritt er ein, noch zögerlich,
und kann kaum glauben, was er sieht.

So viele Menschen im hellen Schein,
sie singen fröhlich und laden ihn ein:
"Setz dich zu uns und stimme mit ein."

Strahlende Augen - Glückseligkeit.
Gnadenbringende Weihnachtszeit.

Die guten Vorsätze

Ich rauch nicht mehr, ich trink nicht mehr,
ich bleib dir immer treu.
Wenn ich mein Wort nicht halten kann,
dann schwör ich's dir aufs Neu.

Immer möcht ich dich behalten,
denn du bist alles, was ich will.
erneut hab ich es dir geschworen,
doch da schwor ich wohl zu viel.

Nicht mehr rauchen, immer sparen,
nehm ich mir vor seit vielen Jahren.
Das Schicksal ist wohl gegen mich,
denn immer noch kann ich nicht sparen,
und noch immer rauche ich.

Silvester

Silvester - Nacht der Illusionen,
die in unsren Herzen wohnen.
Jedes Mal ein neuer Schwur,
oft hält er ein paar Stunden nur.

Leuchtraketen in der Luft,
Champagnergläser in der Hand,
Prosit Neujahr schallt der Ruf
durch das ganze Land.

Alle Menschen werden Brüder,
alle Jahre wieder.
Später dann im neuen Jahr,
ist alles vergessen - ist alles, wie's war.

Afghanistan, da ist noch Krieg,
Niederlage oder Sieg.
Dazu die Integration -
man kennt das schon.

Doch jedes Jahr zur gleichen Zeit,
alle Jahre wieder,
werden alle Menschen Brüder.

Silvester - Nacht der Illusionen,
Träume, die in Herzen wohnen.
Doch manchmal, auch in unsrer Zeit -
werden Träume Wirklichkeit.